Désirée Madeleine Kniese

Lottes Yogaferien

Urlaub für den Kopf

Illustriert von
Nicole Emrich

Vorwort

Wir leben in einer schnelllebigen und unbeständigen Zeit, in der bereits die Jüngsten unserer Gesellschaft einen enormen Leistungs- und Konkurrenzdruck verspüren. Höher, schneller, weiter lautet die Devise und die Kinder berichten immer häufiger, dass sie keine freie Zeit mehr haben, dass die Anforderungen in der Schule stets größer werden und die Erwartungen und der Leistungsdruck sowie Versagensängste zunehmen. Dies führt dazu, dass auch Kinder vermehrt unter stressbedingten Beschwerden wie Bauchschmerzen, Kopfschmerzen, Müdigkeit und Erschöpfung leiden. Auch eine emotionale Unausgeglichenheit ist im Alltag oft zu beobachten, genauso wie die fehlende Kompetenz, die eigenen Gefühle benennen und regulieren zu können.

Mit diesem liebevoll illustrierten Kinderbuch kannst du lernen, Stress und unangenehme Gefühle zu erkennen und durch verschiedene Yoga- und Achtsamkeitsübungen sowie durch Atemübungen für mehr Entspannung und Ruhe im Alltag zu sorgen.

Die im Buch ausgewählten Yogaübungen fördern zudem die Selbstwirksamkeitserwartung und die Konzentrationsfähigkeit. Weiterhin werden verschiedene Emotionen beschrieben und Impulse gegeben, in die Kommunikation einzusteigen und die eigenen Emotionen und den Umgang mit ihnen zu hinterfragen und positiv zu verändern.

Viel Freude beim Lesen!   *Désirée Madeleine Kniese*

Impressum

Bibliografische Information der Deutschen Nationalbibliothek:
Die Deutsche Nationalbibliothek verzeichnet diese Publikation in der Deutschen
Nationalbibliografie; detaillierte bibliografische Daten sind im Internet über
http://dnb.dnb.de abrufbar.

Die automatisierte Analyse des Werkes, um daraus Informationen insbesondere
über Muster, Trends und Korrelationen gemäß §44b UrhG („Text und Data
Mining") zu gewinnen, ist untersagt.

Text: Désirée Madeleine Kniese
Lektorat: Désirée Madeleine Kniese
Illustrationen: Nicole Emrich
Weitere Mitwirkende: Maren Mohler

Verlag: BoD · Books on Demand GmbH, In de Tarpen 42, 22848 Norderstedt
Druck: Libri Plureos GmbH, Friedensallee 273, 22763 Hamburg

ISBN: 978-3-7597-9510-6

Die Sommerferien sind vorbei und Lotte geht, wie alle Kinder in ihrem Alter, wieder in die Schule. Lotte ist 8 Jahre alt und jetzt schon in der 3. Klasse.

Aber so richtig Lust auf die Schule hat sie nicht. Die Schule ist manchmal anstrengend und sie kann sich häufig nicht besonders gut konzentrieren.

So lange still sitzen mag Lotte auch nicht und ihre Klassenkameraden machen aus allem einen Wettbewerb: "Wer löst am schnellsten die Aufgaben?", "Wer hat das schönste Bild gemalt?", "Wer ist beim Sportunterricht am schnellsten gerannt oder am weitesten gesprungen?".

Beim Rennen im Sportunterricht gewinnt Lotte oft, aber sie mag dieses "Spiel" trotzdem nicht, weil immer einer der Verlierer ist.

Außerdem kann Lotte abends häufig nicht einschlafen, wenn sie morgens früh in die Schule geht, weil sie ein bisschen aufgeregt ist und ganz viele Gedanken im Kopf hat.

Ihre Mama sagt ihr dann immer sie soll Schafe zählen, aber Lotte stellt sich lieber vor, wie die vielen Schafe in ihrem Kopf munter umherspringen und laut "Määäh" rufen.
Dann muss sie kichern und schläft schließlich irgendwann ein.

Am ersten Schultag nach den Sommerferien fragt die Klassenlehrerin Frau März alle Kinder was sie in den Ferien erlebt haben und jedes Kind darf etwas erzählen. Aber Lotte möchte nicht erzählen, was sie gemacht hat. Sie lässt erst einmal alle anderen Kinder von ihren Ferien berichten.

Irgendwann ist Lotte an der Reihe.

Etwas schüchtern und mit leiser Stimme beginnt sie zu erzählen: "Also ich war in einem Yoga Feriencamp. Dort haben wir eine Woche lang jeden Tag Yoga gemacht. Ich hatte großen Spaß und habe vieles gelernt, was ich auch gut für die Schule gebrauchen kann."

Die anderen Kinder fangen an zu lachen.

Timo ruft in die Klasse: „Yoga? Das ist voll langweilig. Da sitzt man doch nur blöd rum und meditiert."

Ein anderes Mädchen sagt: „Ja, voll langweilig und dann macht man so komische Tiere: Hund, Katze, Maus… Wellensittich?! Wie willst du das denn hier für die Schule nutzen? Willst du etwa zwitschernd oder auf allen Vieren durch den Klassenraum laufen?"

Die Kinder brechen in schallendes Gelächter aus und einige fangen an zu zwitschern oder zu bellen.

Lotte ist traurig und auch ein bisschen wütend auf die anderen.
Ausgelacht zu werden mag sie gar nicht. Sie fühlt sich von ihren Klassenkameraden angegriffen und unfair behandelt.

Sie spürt, wie sich ihr Körper verkrampft und sie ihre Zähne fest aufeinander presst. Ihre Fäuste ballen sich und sie versteckt sie schnell unter ihren langen Pulloverärmeln. Ihr Herz schlägt plötzlich schneller und ihr wird ganz warm. Sie hat das Gefühl, ihr Gesicht ist sogar ein bisschen rot vor Wut, aber Lotte hat in ihrem Yoga Feriencamp viele gute Ideen gelernt, wie man mit solchen unangenehmen Gefühlen gut umgehen kann.
Neben der Wut und dem Ärger den Lotte empfindet, schämt sie sich auch ein wenig.

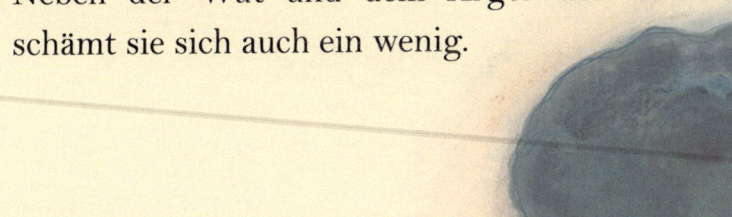

Sie fühlt sich von ihren Klassenkameraden bloßgestellt und ausgelacht.

Weil sie sich schämt, schaut sie auf den Boden, um den Blicken der anderen auszuweichen. Lotte wird ein bisschen rot im Gesicht und hat das Gefühl, wenn sie jetzt etwas sagen würde, würden nur komische Wörter aus ihrem Mund kommen oder sie würde sogar stottern.

Am liebsten würde Lotte wegrennen. „Aber das wäre keine gute Idee", denkt sie. Lieber sollte sie sich verteidigen und den anderen Kindern erklären, dass es kein schönes Gefühl ist ausgelacht zu werden.

So atmet sie bewusst tief durch, anstatt ihre Klassenkameraden anzuschreien oder auf den Boden zu stampfen.

Während Lotte darüber nachdenkt, wie sie sich nun am besten verhalten sollte, schreitet die Klassenlehrerin ein: „Hört auf zu lachen", sagt sie. „Ich habe eine Idee. Lotte wird uns einen ganzen Tag lang zeigen und erklären, was Yoga ist und was sie in ihrem Feriencamp alles gelernt hat. Sie erzählt uns, warum es ihr gut tut und im Schulalltag hilft und wir probieren es aus.

Dann lernen wir etwas Neues und vielleicht finden wir ein oder zwei Übungen, die uns gefallen und helfen, besser mit unserem Körper und unseren Gedanken oder Gefühlen umzugehen. Das wäre doch toll oder?"

Die anderen Kinder sind skeptisch, lassen sich aber auf das Experiment ein. Vielleicht können sie ja wirklich was gebrauchen von diesem Yoga Zeugs. Und wenn nicht, sind sie wenigstens um den Matheunterricht herumgekommen.

Lotte ist plötzlich ganz aufgeregt und ein wenig ängstlich.

Ihr Herz hüpft und sie hat das Gefühl als flögen ganz viele Schmetterlinge in ihrem Bauch umher. Ihre Hände werden ein bisschen schwitzig und sie fragt sich, ob sie wohl gerade Fieber und Schüttelfrost bekommt oder ob das von der Angst kommt.

„Vielleicht sollte ich doch lieber wegrennen?", denkt Lotte für einen kurzen Moment. Aber sie hat in ihrem Yoga Feriencamp gelernt, wie man sich in solchen Situationen, in denen man aufgeregt ist, vielleicht auch etwas Angst hat und das Herz ganz schnell schlägt, wieder beruhigen kann.

Sie atmet, ohne dass die anderen Kinder es merken, ein paar Mal ganz tief ein und ganz langsam wieder aus. Dabei zählt sie in ihrem Kopf bei der Einatmung bis drei und bei der Ausatmung bis fünf.

Sie merkt, wie sie langsam etwas ruhiger wird und die Schmetterlinge in ihrem Bauch langsamer und nicht mehr ganz so wild durcheinander fliegen. Sie erinnert sich daran, was ihre Yogalehrerin gesagt hat: „Der Atem ist wie eine Brücke, die dich in die Welt der Entspannung führt. Dein Atem ist immer bei dir und du kannst ihn heimlich einsetzen, wenn du aufgeregt oder wütend bist, ohne dass es jemand merkt".

„Das ist wirklich eine tolle Geheimbrücke", denkt sich Lotte und merkt, wie sie mit jedem Atemzug ruhiger und sicherer wird.

Sie steht von ihrem Platz auf, läuft nach vorne zu Frau März und beginnt zu erzählen:

„Zu allererst möchte ich euch sagen, dass Yoga nicht nur rumsitzen und meditieren ist. Und einen Wellensittich gibt's auch nicht. Außerdem ist Yoga kein Wettbewerb.

Es geht nicht darum, wer am besten eine Yogaübung machen kann. Und das ist viel besser, weil keiner traurig sein muss, wenn er etwas nicht so gut kann wie die anderen.

Beim Yoga ist alles richtig und gut und jeder kann am Ende stolz auf sich sein. Und fühlt ihr euch nicht auch besser, wenn ihr das Gefühl habt, etwas gut gemacht zu haben und stolz auf euch sein könnt, als wenn ihr euch vergleicht und denkt, dass ihr schlechter seid als andere?"

Einige Kinder nicken und Lotte merkt, wie ihre Klassenkameraden nun interessierter zuhören, als noch zu Beginn.

Sie fühlt sich mit jedem Satz, den sie sagt, sicherer und ist stolz, dass sie sich so mutig vor ihre gesamte Klasse stellt und über Yoga spricht.

Lotte macht sich nicht mehr so klein, wie sie es noch vor wenigen Minuten getan hat, als sie sich schämte, weil sie ausgelacht wurde. Sie steht nun ganz groß vor der Kasse, hebt den Kopf an und ihre Stimme wird lauter und stärker.

Und so fühlt sich Lotte gerade auch – stark.

„Meine Yogalehrerin im Feriencamp hat uns erzählt, dass Yoga aus Indien kommt und schon uralt ist. Der Name Yoga bedeutet verbinden und beschreibt die Verbindung von Körper, Geist und Seele", erklärt Lotte weiter.

„Früher haben die Inder das hauptsächlich mit Meditation versucht, aber schon seit längerem bedeutet Yoga nicht mehr nur rumsitzen und meditieren.

Es ist eine Verbindung von Entspannungs- und Atemübungen, die den Kopf beruhigen und für mehr Konzentration und Ruhe sorgen und körperlichen Übungen, die deinen Körper stark und gleichzeitig flexibel machen und großen Spaß bereiten. Manchmal ist es auch ganz schön wacklig, weil es viele Balanceübungen gibt, wie den Baum, aber auch das ist gut für den Körper, macht Spaß und man lernt sich zu konzentrieren."

Ein Junge ruft plötzlich in Lottes Vortrag rein: „Kannst du uns mal so ein paar Yogaübungen zeigen, damit wir die mal ausprobieren und selbst herausfinden können, ob es wirklich Spaß macht?"
„Das ist eine wunderbare Idee", findet auch Frau März, und so stellen sich alle Kinder neben ihre Tische, und Lotte beginnt einige ihrer Lieblingsübungen vorzumachen und zu erklären.
„Dann lasst uns doch direkt mal mit dem Baum anfangen. Denkt aber daran, dass Yoga kein Wettbewerb ist und wenn wir manchmal wackeln oder umkippen, dann ist das nicht schlimm und wir dürfen uns nicht gegenseitig auslachen."
Die anderen Kinder nicken.

„Wir stellen uns erst mal mit den Beinen nebeneinander hin. Zwischen den Füßen ist ein wenig Abstand. Jetzt konzentrieren wir uns erst mal auf die Füße und spüren, wie sie ganz stabil auf dem Boden stehen und uns Halt geben. Die Füße sind somit unsere Baumwurzeln und verankern uns in der Erde. Merkt ihr, wie viel Halt wir jetzt haben? Dann strecken wir die Arme lang nach oben. Die Arme sind jetzt die Baumkrone. Vielleicht magst du die Arme etwas weiter öffnen und eine große Baumkrone darstellen, vielleicht sind die Arme auch etwas enger beieinander oder du bringst sogar die Handflächen zueinander und bist ein spitzer Baum. Vielleicht ein Tannenbaum?

Es gibt natürlich ganz viele verschiedene Bäume im Wald und jeder Baum ist wichtig und toll.
Manche Bäume sind ganz groß und haben einen ganz dicken Baumstamm und tiefe Wurzeln.

Andere Bäume sind klein und schmal und wiegen sich bei jedem Windstoß hin und her. Manche Bäume sind auch ein bisschen kaputt, ihnen ist ein Ast abgebrochen oder ihr Baumstamm ist beschädigt. Aber auch diese Bäume sind sehr wichtig und gehören in einen Wald und geben einigen Tieren ein zu Hause.
Wir können ja jetzt mal einen ganzen Wald aufstellen hier in der Klasse. Jedes Kind ist ein anderer Baum. Und wenn wir uns alle einen Baum ausgesucht haben und stehen, dann atmen wir ganz tief ein und pusten die ganze Luft raus, um den Wind zu symbolisieren, der weht und die Bäume teilweise zum Wackeln und Biegen bringt." Die Kinder stellen alle unterschiedlichen Bäume dar, und pusten und wackeln hin und her. Manchmal kippt einer um, weil der Windstoß zu stark war, dann lachen alle Kinder gemeinsam und stellen sich wieder auf.

Lotte freut sich, dass ihre Klassenkameraden offensichtlich Spaß haben. „Freude ist ein schönes Gefühl", denkt Lotte lächelnd und erklärt weiter: „Neben dem Baum, der uns Kraft im ganzen Körper verleiht, unseren Atem stärkt, wenn wir als Wind ganz stark pusten und unsere Balance und Konzentration fördert, was übrigens auch gut für die Schule ist und uns mehr Sicherheit und Ruhe geben kann, wenn wir nervös und ängstlich sind, gibt es noch andere Yogaübungen, die ich euch zeigen möchte. Eine meiner Lieblingsübungen im Yoga ist der herabschauende Hund," erklärt Lotte ihren mittlerweile sehr aufmerksam zuhörenden Klassenkameraden.

„Bevor wir in den Herabschauenden Hund kommen, fangen wir aber erst mal im Vierfüßlerstand an. Stellt euch dazu auf alle Viere. Die Hände sind auf dem Boden, die Knie auch und hinten die Fußzehen sind aufgestellt. Jetzt atmen wir ein und dabei machen wir so einen Entenpopo und sinken im Rücken etwas ein. Unser Rücken sieht jetzt aus, wie der von einer Kuh, der hängt ja auch so ein bisschen durch.

Wenn wir gleich ausatmen, dann machen wir unseren Rücken ganz rund, wie eine Katze, die einen Buckel macht. Habt ihr das schon mal gesehen?", fragt Lotte. Die meisten Kinder nicken und vereinzelt beginnen die Kinder von ihren eigenen Katzen zu erzählen oder von Begegnungen mit Kühen.

Nach kurzem Durcheinander sorgt Frau März aber wieder für Ruhe und Lotte fährt fort.

„Jetzt kommen wir von dem Vierfüßlerstand in den herabschauenden Hund. Dafür heben wir die Knie nach oben an, strecken die Beine und schieben die Hände ganz kraftvoll in den Boden, sodass sich die Arme strecken. Dann schieben wir unseren Popo weit nach oben Richtung Decke und machen unseren Rücken lang. Der Kopf hängt runter. Eigentlich schaust du zwischen deine Hände im herabschauenden Hund, aber du kannst jetzt auch mal zwischen deinen Beinen durchschauen und du siehst, wie die Welt plötzlich auf dem Kopf steht.", erklärt Lotte.
Die Kinder schauen alle zwischen ihren Beinen durch und müssen lachen, weil alle anderen Kinder und der gesamte Klassenraum nun auf dem Kopf stehen. Das ist vielleicht eine lustige Perspektive. Und Frau März sieht verkehrt herum plötzlich auch sehr witzig aus.
„Wenn man seine Balance trainieren möchte, kann man auch abwechselnd ein Bein nach oben anheben. Lasst uns erst mal zusammen das rechte Bein heben – aber Achtung, jetzt wird's wackelig", warnt Lotte.

Einige heben ihr rechtes Bein und müssten sich konzentrieren, um nicht umzukippen. Andere fallen direkt auf die Seite und müssen lachen. Ein paar Kinder aus der Klasse möchten beim ersten herabschauenden Hund ihres Lebens lieber erst mal mit beiden Füßen am Boden bleiben, aber auch das ist in Ordnung, versichert Lotte ihnen. Schließlich ist Yoga ja kein Wettbewerb.

Langsam merken die Kinder, dass der herabschauende Hund ganz schön anstrengend ist und sie viel Kraft in ihren Armen brauchen und sehr viel Konzentration und Gleichgewicht, wenn sie auch noch abwechselnd die Beine nach oben anheben. Nach und nach setzen sie wieder die Knie ab, aber Spaß hat ihnen diese verdrehte Übung, bei der die Welt auf dem Kopf steht, auf jeden Fall gemacht.

Frau März schlägt nach dieser anstrengenden Übung eine Trinkpause vor. Die Kinder holen ihre Trinkflaschen aus dem Schulranzen und trinken schnell einen Schluck, bevor sie gespannt warten, dass Lotte ihnen noch mehr Yogaübungen zeigt.

„Zwei Yogaübungen möchte ich euch noch zeigen", fährt Lotte fort. Sie ist mittlerweile gar nicht mehr nervös. Es macht ihr großen Spaß ihren Klassenkameraden zu zeigen, was sie in ihren Yogaferien gelernt hat und sie hat das Gefühl, dass es ihre Klassenkameraden auch interessiert. Außer Timo, der sieht immer noch skeptisch aus und macht nicht so gut mit. Aber es muss ja auch nicht jedem gefallen, denkt sich Lotte. Fußball mag sie schließlich auch nicht.

„Eine tolle Yogaübung, die ganz viel Kraft gibt, sowohl für den Körper als auch für unseren Geist, ist der Krieger. Es gibt im Yoga mehrere Krieger, nämlich Krieger 1, 2 und 3 und auch einen umgekehrten Krieger. Aber heute möchte ich euch nur den Krieger 1 zeigen."
Jetzt hört Timo, der bisher kein großes Interesse an Lottes Vortrag hatte, interessiert zu. „Ein Krieger?", wirft Timo ein, „ist der auch böse und kämpft?" „Nein", antwortet Lotte, „das ist ein friedvoller Krieger. Er ist weise und stark, aber er kämpft nicht."
„Ach schade", brummt Timo und macht nur widerwillig bei der nächsten Yogaübung mit.

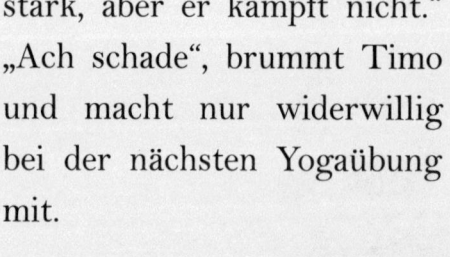

„Für den Krieger 1 kommen wir erst mal in eine Sprinter Position. Dafür heben wir aus dem herabschauenden Hund ein Bein nach oben an und setzen den Fuß vorne zwischen unsere Hände. Jetzt sehen wir erst mal aus wie Sprinter, die gleich ein Wettrennen starten. Nun heben wir unseren Oberkörper an und strecken die Arme über den Kopf nach oben."

Es wird wacklig. Einige Kinder schwanken ganz schön hin und her, als würde ein Orkan wüten und sie umwehen wollen. Sie wackeln von rechts nach links und haben große Mühe sich in der Mitte einzupendeln. Andere kippen sogar ganz um, lachen kurz über sich selbst und kommen schnell wieder zurück.

„Ich verrate euch einen Geheimtipp, wie ihr mehr Balance und Stabilität habt", sagt Lotte. „Ihr müsst einen festen Punkt vor euch fixieren und ganz konzentriert auf diesen Punkt schauen. Am besten ihr starrt auf etwas, dass sich nicht bewegt und auf Augenhöhe vor euch liegt. Dadurch gelangt ihr in einen Konzentrationstunnel und habt mehr Fokus und Sicherheit. Außerdem kann uns die Atmung helfen mehr Ruhe in unseren Körper zu bringen. Hierfür müssen wir ganz langsam und gleichmäßig ein- und ausatmen.

Lotte merkt, wie ihre Klassenkameraden nach und nach sicherer in ihrem stolzen Krieger stehen. Ein bisschen lustig sieht es schon aus, jetzt wo alle ganz starr vor sich hinschauen und einen festen Punkt fixieren, um mehr Gleichgewicht zu erlangen. Lotte hört tiefes Atmen und sieht viele konzentrierte Gesichter.

Das fällt auch Frau März auf, die sich manchmal auch so viel Ruhe und Konzentration wünschte, wenn sie vorne an der Tafel etwas erklärt.

„Jetzt kommt die allerletzte Yogaübung, die ich euch zeigen möchte", unterbricht Lotte das konzentrierte Schweigen in der Klasse. „Sie heißt: der Blitz. Manche nennen sie auch Stuhl, weil sie ein bisschen aussieht wie ein Stuhl, oder weil man sich so hinhockt, als würde man sich auf einen tiefen Stuhl setzen. Aber ich mag den Namen Blitz lieber. Denn bei dieser Übung werdet ihr merken, wie euch ganz heiß wird und außerdem sieht man von der Form her auch ein bisschen aus wie ein Blitz.

Beim Blitz stellen wir uns erst mal wieder mit leicht geöffneten Füßen auf den Boden, sodass wieder ein dritter Fuß dazwischen passen würde. Dann beugen wir die Knie und setzen uns mit unserem Popo weit nach unten, als wollten wir uns auf einen kleinen Stuhl setzen. Die Arme heben wir über den Kopf nach oben an und lassen sie ein bisschen breiter geöffnet. Merkt ihr schon, wie der Körper langsam warm wird?"

Die Kinder zählen gemeinsam bis zehn, so lange halten sie diese anstrengende Yogaübung und mit jeder Sekunde wird ihnen wärmer.

„Das können wir ja zwischen den Unterrichtsstunden im Winter machen", schlägt ein Mädchen aus Lottes Klasse vor, „wenn uns zu kalt wird vom langen Sitzen".

„Eine gute Idee", antwortet Frau März.

„Wir könnten ja auch mal den Blitz machen und auf Englisch bis zehn zählen, ich kann das nämlich schon", meldet sich Timo zu Wort.

„Das ist eine wunderbare Idee Timo", antwortet Frau März und bittet ihn auf Englisch bis zehn zu zählen, während sich alle Kinder noch einmal in den Blitz begeben.

So beginnt Timo langsam von eins bis zehn zu zählen: "One... two... three... four... five... six... seven... eight... nine... ten..."

Sehr stolz es ohne Fehler geschafft zu haben grinst er Frau März an. Jetzt scheint es so, als hat auch Timo ein bisschen Spaß an dem Yogatag.

Nachdem Timo bei „ten" angekommen ist, sind auch alle froh, endlich die Beine wieder strecken zu können.

Da der Blitz wirklich anstrengend für die Oberschenkel ist, macht die Klasse noch einmal eine kurze Trinkpause.

Als danach wieder Ruhe einkehrt, ist es Timo, der noch eine Frage hat: „Hast du nicht gesagt, Yoga ist mehr als nur Turnübungen?", fragt er Lotte interessiert. „Wann zeigst du uns denn endlich die Atem- und Entspannungsübungen?"

„Jetzt", antwortet Lotte. „Die Atmung ist wichtig", erzählt sie, „zum einen müssen wir natürlich atmen, weil wir sonst keine Luft mehr bekommen und ersticken. Zum anderen kann uns der Atem aber auch helfen, uns besser zu konzentrieren. Das habt ihr im Baum oder im Krieger 1 ja schon ausprobiert. Er kann uns außerdem helfen durchzuhalten, wenn etwas anstrengend ist, wie im Blitz. Und er kann uns sogar beruhigen und entspannen, wenn wir aufgeregt sind oder Angst haben.

Hierbei ist es wichtig, dass wir ruhig und gleichmäßig atmen und etwas länger ausatmen als einatmen, denn das beruhigt unseren Körper. Im Yogacamp hat meine Yogalehrerin gesagt, die ruhige Atmung ist ein Geheimtrick, den man immer mit sich führt und einsetzen kann, ohne dass es jemand anders bemerkt.

Wenn ihr also nervös seid, zum Beispiel vor einer Klassenarbeit oder einem Fußballturnier, dann könnt ihr einfach ganz heimlich ein paar Mal ruhig und tief atmen. Oder ihr nutzt den Atem, wenn ihr Angst habt und eure Gedanken wieder beruhigen müsst, damit euch eine Lösung einfällt.

Manchmal atme ich auch ganz langsam und ruhig, wenn ich abends nicht gut einschlafen kann, das hilft mir auch", erklärt Lotte.

„Das klingt langweilig", motzt Timo vor sich hin. „Können wir das wenigstens mal ausprobieren, oder willst du nur stundenlang darüber reden?"

„Ich zeig euch gerne mal verschiedene Atemübungen. Am besten meine zwei Lieblingsübungen", schlägt Lotte vor.

„Die erste Atemübung, die ich toll finde, ist der brüllende Löwe.

Dabei streckt man die Zunge raus und brüllt ganz laut wie ein großer, starker Löwe. Das stärkt nicht nur die Atmung, sondern man kann auch mal so richtig gut Anspannungen raus brüllen. Allerdings ist das nicht ganz so geheim, weil sie ziemlich laut ist.

„Dafür knien wir uns auf den Boden und setzen uns auf unsere Fersen. Die Knie sind etwas weiter geöffnet und die Hände stützen wir vor uns zwischen den Beinen ab. Den Rücken halten wir gerade und der Kopf bleibt angehoben und wir schauen wie anmutige, starke Löwen. Jetzt atmen wir gemeinsam tief durch die Nase ein, öffnen den Mund und strecken die Zunge weit heraus.

Beim Ausatmen brüllen wir mit rausgestreckter Zunge aus voller Kehle los, wie ein Löwe."

Die Kinder brüllen laut durch den Klassenraum. Manche Kinder brüllen zunächst noch etwas schüchtern und leise, andere so laut, dass sie bestimmt auch die Löwen in Afrika hören können.

Die anderen Schulklassen nebenan wundern sich bestimmt auch schon, was bei Frau März im Unterricht los ist.

Timo brüllt ganz laut und Lotte hat den Eindruck, dass ihm die Löwenatmung großen Spaß macht.
Sie freut sich, dass auch Timo eine Übung gefunden hat, die ihm richtig gut gefällt.

Nach einigen Minuten des Gebrülls bringt Frau März die Klasse wieder zur Ruhe und Lotte fährt fort.

„Eine weitere Atemübung, die ich gerne abends vor dem Schlafengehen mache, weil sie mich beruhigt und mir hilft schneller einzuschlafen, gerade wenn ich so viele Gedanken in meinem Kopf habe, ist die Kuscheltier Atmung. Dazu legt man sich ins Bett und legt sich ein Kuscheltier, oder ein kleines Kissen auf den Bauch. Dann atmet man langsam und tief bis in den Bauch ein, genau dorthin wo jetzt das Kuscheltier oder Kissen liegt. Dabei zählt man im Kopf bis drei. Wenn du wirklich bis tief in den Bauch hinein atmest, spürst du, wie sich dein Kuscheltier nach oben anhebt, so als würde es mit einem Aufzug nach oben fahren. Dann atmest du langsam wieder aus und zählst dabei in deinem Kopf leise bis fünf und spürst, wie dein Kuscheltier mit dem Bauchaufzug wieder nach unten fährt".

Da sich die Kinder schlecht im Klassenraum auf den Boden legen können und auch kein Kuscheltier oder Kissen dabeihaben, schlägt Frau März vor, dass sie es am Abend im Bett mal ausprobieren und am nächsten Tag davon berichten.

Langsam geht der Schultag zu Ende und Lotte muss sich gut überlegen, was sie ihrer Klasse noch unbedingt zeigen möchte.

Sie hat so viel in einer Woche Yoga Feriencamp gelernt, dass sie unmöglich alles an nur einem Schultag zeigen kann. Aber eine wichtige Übung möchte sie gemeinsam mit ihren Mitschülern noch machen.

„Als letztes möchte ich gerne noch eine Achtsamkeitsübung mit euch ausprobieren. Das Wort Achtsamkeit ist ziemlich kompliziert und nicht einfach zu erklären. Es bedeutet kurz gesagt, dass man mit seinen Gedanken nur bei dem ist, was man gerade tut, ohne abgelenkt zu sein durch andere Gedanken oder Gefühle. Außerdem bewertet man nicht, ob etwas gut oder schlecht ist, wenn man achtsam etwas wahrnimmt, sondern beobachtet es nur. Und es gibt verschiedene Übungen, mit denen man Achtsamkeit trainieren kann."

„Und wofür soll das gut sein? Was nützt es mir, wenn ich voll konzentriert und aufmerksam etwas beobachte und nicht abgelenkt von meinen Gedanken oder Gefühlen bin?" hakt ein Mädchen nach.

„Hmmm, das ist schwierig zu erklären", denkt Lotte. „Kennt ihr das," fängt sie zögerlich an, „wenn euer Kopf manchmal so voll mit Gedanken, Erinnerungen oder Gefühlen ist, dass ihr euch vorkommt wie in einem Karussell? Und ihr habt das Gefühl, ihr könnt gar nicht mehr aussteigen, weil sich alles dreht und dreht und ihr bekommt euren Kopf, eure Gedanken, eure Gefühle einfach nicht zum Anhalten?"

Frau März stellt sich das Gedankenkarussell in ihrem Kopf vor, welches sie nur zu gut kennt, und freut sich schon auf die anstehende Achtsamkeitsübung, bei der die Gedanken mal zur Ruhe kommen und nur auf eine Sache gerichtet sind.

Gerade denkt sie nämlich noch an die kommende Unterrichtsplanung, das Mittagessen, die Nachmittags- aktivtäten ihrer Kinder und das Geburtstagsgeschenk, das sie noch für eine Freundin besorgen muss.

„Dann kannst du eine Achtsamkeitsübung machen.", fährt Lotte fort. „Diese beruhigt deine Gedanken und das Karussell in deinem Kopf. Anschließend bist du wieder entspannter.
Wir nehmen wahr, was wir gerade im jetzigen Moment tun, was wir denken und wie wir uns fühlen.

Wichtig ist, dabei nicht zu bewerten, ob unsere momentanen Gedanken und Gefühle gut oder schlecht sind.

Und mit etwas Übung können wir unser Gedankenkarussel anhalten, wann immer wir wollen. Das ist dann wie Urlaub für den Kopf. Als ob unser Gehirn mal kurz Urlaub nimmt, zum Beispiel von dem ganzen Schulkram oder den Sorgen."

Eine leichte Unruhe breitet sich im Klassenraum aus. „Urlaub für den Kopf? Das klingt lustig!", sagt ein Junge.

Timo stellt sich vor, wie sein Gehirn in Italien am Strand liegt und sich ausruht.
Er muss lachen.

„Für die Achtsamkeitsübung", fährt Lotte fort, „brauchen wir etwas, das wir beobachten können. Zu Hause nehme ich dafür sehr gerne eine schöne Kerze oder eine Blume. Manchmal auch einen ganzen Blumenstrauß und dann beobachte ich ganz genau die Blumen. Ich schaue mir die Blüten an, welche Farbe sie haben, welche Form, ob manche Blätter vielleicht größer sind als andere, oder eine andere Farbgebung haben. Weiterhin sehe ich mir ganz genau den Stängel an, schaue ob Dornen dran sind oder Blätter.

Ihr könnt aber auch einen Stein, ein Kuscheltier oder euer Lieblingsspielzeug nehmen.
Hier im Klassenraum haben wir jetzt weder Kerzen noch Blumen, deswegen nehmen wir vielleicht etwas aus unserem Schulranzen", schlägt Lotte vor.
Die Kinder kramen in ihren Ranzen und jeder holt etwas heraus und legt es vor sich hin.

Schaut, dass ihr bequem sitzt, sodass ihr die nächsten fünf Minuten ruhig sitzen bleiben könnt, ohne euch ständig zu bewegen", erklärt Lotte. „Dann legt den Gegenstand vor euch. Ihr könnt ihn auch in die Hand nehmen, um ihn zu drehen oder mal von näher und mal von ferner zu beobachten.

Und jetzt atmen wir ruhig und gleichmäßig, wie ihr es ja jetzt schon kennt, und beobachten ganz genau unseren Gegenstand.

Achtet dabei auf die Form, auf die verschiedenen Farben, auf die Muster, die es vielleicht gibt. Schaut euren Gegenstand an, als wärt ihr ein Außerirdischer und würdet zum allerersten Mal in eurem Leben so etwas sehen. Manchmal hilft es auch, wenn man sich vorstellt, wie man diesen Gegenstand jemandem beschreiben würde, der so etwas noch nie in seinem ganzen Leben gesehen hat."

Die Kinder werden ruhig und beginnen mit der genauen Beobachtung.

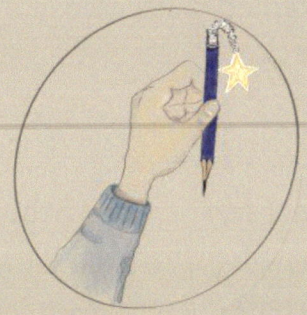

Manchmal merkt Lotte, dass einige Kinder abschweifen und kurz durch den Klassenraum schauen, bevor sie sich wieder ihrem Gegenstand widmen. Aber das ist nicht schlimm. Man muss Achtsamkeit üben. Das klappt nicht von heute auf morgen. Fahrradfahren oder schwimmen kann man ja auch nicht beim ersten Versuch.

Nach fünf Minuten stoppt Lotte die Übung und die Kinder dürfen erzählen, wie es für sie war: ob es ihnen schwergefallen ist, ob die Gedanken immer wieder abgeschweift sind, was sie dabei gefühlt haben und ob sie es zu Hause nochmal probieren möchten - vielleicht mit einem anderen Gegenstand, einer Blume oder einer Kerze.

Der Yoga Schultag geht langsam zu Ende.

Lotte ist ganz schön erschöpft vom vielen Erklären und Zeigen. Außerdem war sie sehr aufgeregt. Die letzte Übung hat ihr aber geholfen ihre Gefühle und Gedanken zu sortieren, zu fokussieren und zu beruhigen.

Dennoch ist sie froh, als Frau März jetzt wieder nach vorne kommt und sie auf ihren Platz gehen kann.

„Vielen Dank Lotte für diesen interessanten Einblick in die Yogawelt und deine Erlebnisse im Yoga Feriencamp", sagt eine ebenfalls entspannt wirkende Frau März. „Es war sehr spannend und wir haben viele neue Sachen gelernt. Einiges davon kann uns bestimmt helfen, besser mit unseren Gefühlen umzugehen, unsere Gedanken zu beruhigen, uns in der Schule zu konzentrieren oder leichter einschlafen zu können."

Zustimmendes Nicken in der Klasse.

Selbst Timo muss zugeben, dass dieser Schultag mehr Spaß gemacht hat als ein normaler Tag und dass er das ein oder andere vielleicht zu Hause noch mal ausprobieren wird - den Krieger 1, den Blitz, oder die Löwenatmung fand er ganz gut.

Es klingelt und der erste Schultag nach den großen Sommerferien ist vorbei. Die Kinder laufen aus dem Schulgebäude zu ihren Eltern, die neugierig nachfragen, was sie heute gelernt haben.

Die Antworten verwirren die Eltern und bringen die Kinder zum Lachen:

„Ich atme wie ein Löwe und lasse jetzt meine Anspannung und meine Sorgen raus – Roaaaaaar.“

„Ich möchte vor dem Einschlafen eine Kerze beobachten und mein Gedankenkarussell stoppen.“

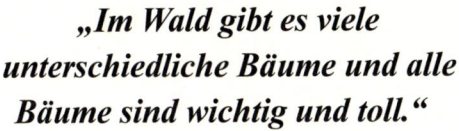

„Im Wald gibt es viele unterschiedliche Bäume und alle Bäume sind wichtig und toll."

„Ich bin ein starker – aber friedvoller Krieger"

„Ich habe gelernt, wie ein fokussierter Blitz ganz konzentriert auf einen Punkt zu starren und auf Englisch bis 10 zu zählen."

Lotte freut sich über die Begeisterung ihrer Klassenkameraden und geht, selbst etwas erschöpft, aber glücklich, zu ihrer wartenden Mutter.

„Na, wie war dein erster Schultag nach den Ferien?", fragt auch ihre Mama.

„Wie *Urlaub für den Kopf*...", antwortet Lotte und grinst.

Lottes
Yogaübungen
zum Mitmachen

Der Baum

Stelle dich erst einmal mit beiden Beinen nebeneinander hin. Die Füße stehen hüftgelenkbreit auseinander. Das bedeutet, dass zwischen die Füße noch ein weiterer Fuß passen würde. Die Füße sind fest verwurzelt am Boden und du stehst ganz stabil und gerade.

Die Arme sind nach oben angehoben. Sie sind etwas breiter als schulterbreit geöffnet und gestreckt. Deine Handinnenflächen zeigen zueinander und die Finger sind gespreizt. Alternativ kannst du deine Hände auch über deinem Kopf zusammenbringen, sodass sich deine Handinnenflächen berühren.

Nun kannst du ein Bein anheben und die Fußsohle des angehobenen Beines entweder an die Wadeninnenseite oder an die Oberschenkelinnenseite bringen.

Und nun atme ganz ruhig und gleichmäßig und fokussiere dich auf einen vor dir liegenden Punkt, um dein Gleichgewicht zu halten.

Wenn du ganz stabil und sicher auf einem Bein stehen kannst, kannst du gerne auch mal deine Augen schließen.

Der Vierfüßlerstand (Kuh, Katze)

Komme hierfür auf alle Viere. Die Hände sind unterhalb der Schultern aufgestellt, die Finger gespreizt.
Wenn du einatmest, kippst du dein Becken nach vorne, machst einen Entenpo und ziehst deine Schulterblätter zueinander. Dadurch sieht es aus, als würde dein Rücken durchhängen, wie der einer Kuh.

Bei der Ausatmung kommst du in die entgegengesetzte Bewegung. Du ziehst dein Schambein und deinen Bauchnabel nach innen und oben, rundest den Rücken und machst den Bereich zwischen deinen Schulterblättern ganz weit.
Jetzt sieht es so aus wie ein Katzenbuckel.

Der herabschauende Hund

Um in den herabschauenden Hund zu kommen, hebst du aus dem Vierfüßlerstand die Knie nach oben an und schiebst dich aus den Händen heraus nach oben. Hebe deinen Po weit nach oben Richtung Decke an und mache deinen Rücken lang. Die Fersen sind weit angehoben, die Knie leicht gebeugt und du machst einen kleinen Entenpo. Deine Ohren sind zwischen deinen Oberarmen. Atme ruhig und gleichmäßig.

Wenn du ein wenig mit deiner Balance spielen möchtest, kannst du gerne abwechselnd die Beine gestreckt nach oben zur Decke anheben in den dreibeinigen Hund. Probiere es gerne aus und spiele ein wenig mit deinem Hund.

Der Sprinter und Krieger 1

Beim Sprinter steht ein Fuß vorne zwischen den Händen, die auf den Fingerspitzen sind. Das Knie des vorderen Beins ist auf über dem Sprunggelenk. Der andere Fuß steht weit hinten auf dem Fußballen. Die Ferse ist weit angehoben und das hintere Bein angespannt.

Für den Krieger 1 hebst du nun deinen Oberkörper nach oben an und streckst du Arme lang nach oben aus. Die Arme sind gestreckt, die Finger gespreizt. Du machst die Bauchdecke lang, hebst dein Kinn und am besten auch noch deine Mundwinkel leicht nach oben an.
Dann fixierst du – für mehr Stabilität – einen festen Punkt vor dir und atmest ruhig und gleichmäßig.

Der Blitz (Stuhl)

Hierfür stellst du dich, wie im Baum, mit leicht geöffneten Füßen auf den Boden. Dann beugst du die Knie und bringst dein Gesäß tief, so als würdest du dich auf einen kleinen Hocker setzen wollen. Die Knie sollten nicht zu weit vorne sein. Dies kannst du selbst kontrollieren, indem du nach unten zu deinen Füßen schaust.

Wenn du deine Zehen sehen kannst, sind die Knie weit genug hinten. Die Arme hebst du wieder gestreckt nach oben an.

Hebe auch dein Kinn und diene Mundwinkel leicht nach oben an und genieße die Wärme, die mit jedem Atemzug durch deinen Körper strömt.

Lottes
Emotionen

Lottes Emotionen – Einführung

Emotionen sind automatisierte und erlernte Antworten auf innere und äußere Reize oder Informationen. Sie liefern uns Informationen über unsere Umwelt und helfen uns, uns selbst zu verstehen. Außerdem zeigen sie uns, was wir wollen und was sich für uns gut anfühlt und was nicht.

Emotionen führen, wie wir bei Lotte sehen können, zu körperlichen Reaktionen und zu Handlungsimpulsen, denen wir nachgehen wollen. Sie steuern demnach unser Verhalten und es ist wichtig, sie wahrzunehmen und die dahinterliegenden Bedürfnisse und Auswirkungen zu verstehen.

Wenn wir unsere aufkommenden Emotionen erkennen und verstehen, können wir besser einordnen, ob die Emotion angemessen ist und wir dem primären Handlungsimpuls folgen oder ihn abschwächen sollten.

Vielen Kindern fällt es jedoch schwer, ihre Emotionen bewusst wahrzunehmen und sie zu benennen.

Dabei ist dies der erste wichtige Schritt, um selbstwirksam die Emotionen regulieren zu können und verschiedene Handlungsstrategien für einen adäquaten Umgang mit Gefühlen zu entwickeln.

Wenn ihr Lottes Yogaferien lest, stoßt ihr auf verschiedene Emotionen, die Lotte während ihres ersten Schultages nach den Sommerferien und dem Vortrag über ihr Yoga Feriencamp durchlebt.
Diese Emotionen werden mit ihren dahinterliegenden Gedanken und Handlungsimpulsen beschrieben, sowie Ansätze präsentiert, wie die Emotion reguliert und alternative Handlungen ausgeführt werden können.

Das im Buch aufgegriffene Thema der Emotionen und ihre Regulation kann gerne genutzt werden, um sich mit den Kindern weiterführend über das Thema zu unterhalten.

Lottes Emotionen im Buch:
Freude, Stolz, Wut/Ärger, Trauer, Scham, Angst

Freude:

Freude ist eine angenehme Emotion. Sie ist oft „leicht" und setzt Energie frei. Sie entsteht als Reaktion auf ein angenehmes Erlebnis oder auch als Reaktion auf die Erinnerung oder den Ausblick auf eine solche, als angenehm empfundene, Situation.

Weiterführende Fragen:

Was könnten Auslöser zur Freude sein?

Warum freut sich Lotte im Buch?

Worüber freust du dich?

Hast du dich heute schon gefreut?

Wie fühlt sich dein Körper an, wenn du dich freust?

Stolz:

Stolz ist ein angenehmes Gefühl und entsteht häufig, wenn wir eine Leistung erbracht, wenn wir uns durchgesetzt oder uns etwas getraut haben.

Weiterführende Fragen:

Warum ist Lotte stolz?

Bist du manchmal stolz auf dich? In welchen Situationen?

Wie fühlt sich das an?

Was passiert mit deinem Körper, wenn du stolz bist?

Was möchtest du tun (Handlungsimpuls), wenn du stolz auf etwas/jemanden bist?

Wut/Ärger:

Wut und Ärger entstehen, wenn wir oder jemand bzw. etwas, das uns wichtig ist, bedroht werden, oder sich darüber lustig gemacht wird und wir somit mit unseren Bedürfnissen nicht ernst genommen werden. Ziel ist die Verteidigung und das Schützen von sich selbst oder nahestehenden Personen, sowie das Durchsetzen der eigenen Werte und Ziele.

Weiterführende Fragen:

Warum ist Lotte wütend?

Hast du auch schon mal Wut/Ärger erlebt? Warum?

Wie hast du das in deinem Körper gespürt?

Was hättest du am liebsten machen wollen?

Was wäre eine gute/angemessene Handlung?

Was kann man machen, um sich zu beruhigen, wenn man wütend ist?

Trauer:

Trauer entsteht zum Beispiel durch Verlust. Das kann durch den Verlust einer Person, von Gegenständen, oder einer Situation sein. Auch der Gedanke daran, wie sehr man jemanden vermisst, lässt uns traurig werden, genauso wie die eigene Einsamkeit oder Ereignisse, auf die man sich gefreut hat, die dann aber doch nicht eintreten.
Wenn Erwartungen enttäuscht werden, kommt nach der Enttäuschung oft Wut oder Trauer hinzu. Auch über Schicksale anderer Menschen können wir trauern.

Weiterführende Fragen:

Warum ist Lotte traurig?

Bist du manchmal traurig? Warum?

Wie fühlt sich das im Körper an?

Was denkst du dann?

Was möchtest du machen, wenn du traurig bist?

Was könntest du alternativ noch tun?

Scham:

Scham ist ein unangenehmes Gefühl.

Scham tritt oft auf, wenn wir befürchten, soziale Bedeutung oder Zugehörigkeit zu verlieren und uns etwas peinlich ist.

Weiterführende Fragen:

Warum schämt sich Lotte?

Schämst du dich auch manchmal? Wofür?

Wie reagiert dein Körper, wenn du dich schämst?

Was willst du dann am liebsten tun?

Was könntest du vielleicht stattdessen tun?

Angst:

Angst hilft uns, Gefahren wahrzunehmen und ihnen zu entkommen beziehungsweise ihnen vorzubeugen.

Die Emotion Angst ist daher ein überlebenswichtiges Gefühl für uns, welches uns beschützt.

Es gibt Dinge, vor denen man Angst haben kann, zum Beispiel Stille, Alleinsein, Dunkelheit, die Angst vor Verletzungen, vor Schmerzen, vor gefährlichen Situationen oder Tieren sowie Angst davor, sich zu blamieren oder etwas nicht zu können.

Weiterführende Fragen:

Warum hat Lotte Angst?

Hast du schon mal Angst gehabt?

Was ist dann in deinem Körper passiert?

Was wolltest du am liebsten machen?

Was kann man vielleicht machen, um sich zu beruhigen, wenn man Angst hat?

Über die Autorin Désirée Madeleine Kniese:

Aufgewachsen in Frankfurt am Main, begann ich meine berufliche Laufbahn mit einem Lehramtsstudium. Schon früh erkannte ich jedoch, dass ich Kinder nicht nur unterrichten, sondern sie auch auf einer tieferen, persönlicheren Ebene fördern wollte. Es war mir ein Anliegen, die individuellen Stärken und Schätze jedes Kindes zu entdecken und zu entfalten. Diese Motivation führte mich dazu, im Anschluss an mein Lehramtsstudium Psychologie zu studieren.

Mit meinem erweiterten Wissen in Psychologie wollte ich Kindern helfen, ihre Selbstwirksamkeit und Resilienz zu stärken und sie in ihrer individuellen Entwicklung zu unterstützen. Um dieses Ziel noch weiter zu verfolgen, absolvierte ich zusätzlich eine Ausbildung zur Yogalehrerin, spezialisierte mich auf Kinderyoga-Therapie und erweiterte meine Kenntnisse in den Bereichen Psychomotorik und Lerntherapie.

Dieses Buch ist das Ergebnis all dieser Erfahrungen und ein echtes Herzensprojekt.

Über die Illustratorin Nicole Emrich:

Ich heiße Nicole und liebe Kinder, besonders ihre phantasievolle Art zu denken. Ich bin selbst dreifache Mama und arbeite auch mit Kindern.

Ich liebe zeichnen und malen seit meiner Kindheit. Nach meinem Studium an der Akademie der Bildenden Künste in Stuttgart, habe ich Kunsttherapie studiert und durfte dort die Abschlussarbeit einer Freundin, in der es um ein rheumakrankes Seepferdchen ging, bebildern.

In dieser Zeit ist meine Liebe zur Kinderbuchillustration entstanden.